LA CATENA DEL VALORE DI MICHAEL PORTER

INFORMAZIONI CHIAVE

- **Nomi:** catena del valore, catena del valore di Michael Porter.

- **Utilizzi:** miglioramento della competitività, riduzione dei costi, aumento della creazione di valore.

- **Perché ha successo?** Può essere adattata a tutti i tipi di azienda, aumenta drasticamente le prestazioni e comprende una serie di passaggi chiari e ben definiti.

- **Parole chiave:** vantaggio competitivo, creazione di valore, strumento analitico, suddivisione delle attività.

INTRODUZIONE

La storia

Il professore della Harvard Business School Michael E. Porter (nato nel 1947) è noto per il suo lavoro sulla strategia competitiva, la competitività e lo sviluppo economico di nazioni, stati e regioni.

Negli anni '80 ha iniziato a studiare il concetto di vantaggio competitivo e ha sviluppato una serie di teorie strategiche nel libro *Competitive Advantage: Creating and*

LA CATENA DEL VALORE DI MICHAEL PORTER

Sbloccate il vantaggio competitivo della vostra azienda

50MINUTES.com

LA CATENA DEL VALORE DI MICHAEL PORTER

Sbloccate il vantaggio competitivo della vostra azienda

scritto da Xavier Robben
tradotto par Sara Rossi

Sustaining Superior Performance (1985). Molte di queste teorie sono state rapidamente adottate dalle aziende che volevano migliorare i propri risultati.

Secondo lui, le aziende raggiungono la superiorità attraverso la padronanza delle forze competitive, note come "le cinque forze di Porter". Si tratta di un concetto chiave del management moderno, esplorato da Porter in *Competitive Strategy: Techniques for Analyzing Industries and Competitors* (1980; ripubblicato con una nuova introduzione nel 1998).

Definizione del modello

Una catena del valore è una serie di azioni che vengono svolte per fornire un prodotto o un servizio di valore al mercato.

Qualsiasi azienda, associazione o organizzazione che crea valore e vuole migliorare la propria competitività può utilizzare la catena del valore per raggiungere i propri obiettivi. Il modello consente alle aziende di analizzare ogni attività per migliorare il più possibile ogni fase, massimizzando così il proprio vantaggio competitivo. La catena del valore è uno strumento prezioso nella gestione strategica, in quanto lavora sul posizionamento di un prodotto o di un servizio sul mercato.

La catena del valore ha tre obiettivi principali:

- migliorare i servizi;
- ridurre i costi;
- creare valore.

TEORIA

CREAZIONE DI VALORE

Prima di sviluppare un vantaggio competitivo, le aziende devono comprendere il concetto di creazione di valore. Si tratta di un sistema analitico progettato per scomporre le diverse funzioni di un'azienda ed esaminarne i costi, con l'obiettivo di distribuire le risorse lungo la catena nel modo più efficace possibile. Ciò consente di posizionare strategicamente i prodotti sul mercato in base al loro costo o alla loro differenziazione.

I costi possono essere ridotti da:

- ottimizzazione del processo di produzione;

- acquisto di materie prime a costi inferiori;

- innovazione;

- lavoro sulla funzionalità di un prodotto per una maggiore differenziazione;

- aumento della qualità di produzione;

- miglioramento del servizio clienti;

- riduzione dei tempi di consegna grazie a una buona organizzazione logistica.

Un'analisi efficace delle diverse funzioni aziendali può aumentare la produttività e portare a una crescita sostenibile e redditizia.

COMPONENTI

Il modello di Porter comprende nove funzioni principali che generano valore, suddivise in due categorie:

* ci sono cinque attività primarie che influenzano direttamente il valore aggiunto del prodotto finale. Questa categoria comprende le attività relative alla logistica in entrata (1), alle operazioni (2), alla logistica in uscita (3), al marketing, alle vendite (4) e ai servizi (5);

* ci sono quattro attività di supporto che sono indirettamente coinvolte nella creazione del valore aggiunto finale. Si tratta delle attività relative alle infrastrutture dell'azienda (1), alle risorse umane (2), allo sviluppo tecnologico (3) e all'approvvigionamento (4).

 **LA SELEZIONE DELLE ATTIVITÀ CHE GENERANO VALORE**

La selezione delle attività generatrici di valore si basa su tre criteri:

Si basano su meccanismi economici diversi?

Costituiscono una frazione considerevole dei costi?

Influiscono direttamente sul vantaggio competitivo?

Porter rappresenta l'azienda con un semplice diagramma, in cui le attività primarie sono posizionate verticalmente e quelle di supporto orizzontalmente. Il margine rappresenta la differenza tra il valore finale del prodotto e i costi totali ad esso legati (creazione, lancio, ecc.). L'entità del margine dipende dal vantaggio competitivo di ciascuna delle nove funzioni aziendali. Ogni azienda ha il proprio diagramma, che varia in base a numerosi fattori, tra cui il carattere, il settore, il posizionamento e l'efficienza.

VANTAGGIO COMPETITIVO

Il vantaggio competitivo di un'azienda rispetto ai suoi concorrenti può essere visto confrontando le loro catene del valore. La qualità di un'attività ha un impatto diretto sui costi, sulla soddisfazione dei clienti e sull'entità del margine. L'analisi di una funzione non sempre dà un risultato positivo, in quanto può risultare che alcune funzioni consumano valore o ne generano meno rispetto ai concorrenti dell'azienda.

Attività primarie

Le attività primarie sono le funzioni principali organizzate all'interno di un'azienda. Esse contribuiscono direttamente alla creazione del prodotto, all'attività di marketing, alla politica di vendita, alla consegna al cliente finale e al servizio post-vendita. Anche se non tutte le aziende operano allo stesso modo, la maggior parte di esse svolgono queste cinque attività primarie:

- **La logistica in entrata** si riferisce alla procedura di acquisizione delle risorse, comprese le materie prime, il ricevimento di tali materiali, l'ingresso in magazzino, ecc.

- **Le operazioni** comprendono l'utilizzo di materie prime, la produzione di beni, i test di qualità, l'imballaggio, la manutenzione, ecc.

- **La logistica in uscita** comprende la produzione dell'inventario, la preparazione degli ordini, la consegna ai distributori e ai clienti finali, ecc.

- **Il marketing e le vendite** comprendono promozione, comunicazione, prezzi, pubblicità, gestione dei canali di distribuzione, ecc.

- **I servizi** comprendono la riparazione, la manutenzione, i servizi post-vendita, ecc.

 **L'INTERCONNESSIONE DELLE ATTIVITÀ PRIMARIE**

Queste attività non sono indipendenti l'una dall'altra e il buon controllo di un componente può avere un impatto positivo sugli altri elementi della catena. Le varie funzioni sono interconnesse, il che può portare a una serie di conseguenze quando si modificano le attività. Queste connessioni, che spesso passano inosservate, svolgono un ruolo importante nella gestione dei costi e del vantaggio competitivo.

Attività di supporto

Le attività di supporto contribuiscono al buon funzionamento delle operazioni, consentendo all'azienda di svolgere e coordinare le proprie attività primarie al fine di massimizzare l'efficienza. Esse sono:

- **L'infrastruttura aziendale**, che comprende la direzione generale, finanziaria e amministrativa, l'ufficio legale e i dipartimenti responsabili della pianificazione, del controllo qualità, ecc.

- **Risorse umane**, che si occupa di reclutamento, formazione, processi retributivi, gestione delle competenze, struttura organizzativa, politica dei bonus, licenziamenti, ecc.

- **La ricerca e lo sviluppo** comprendono la selezione della ricerca e della tecnologia, la capacità di innovare, lo sviluppo di prodotti o servizi, la sicurezza dei prodotti, la gestione dei brevetti, ecc.

- **L'approvvigionamento (o fornitura)** riguarda i metodi di acquisto delle materie prime, l'approvvigionamento dei fornitori, le trattative con i fornitori, l'affitto dei locali, ecc.

Le attività di supporto possono influenzare alcune delle attività primarie. Tuttavia, sebbene le funzioni sopra descritte siano comuni, non sono presenti in tutte le aziende.

 ## UTILIZZO DELLA CATENA DEL VALORE

In teoria, è preferibile che le aziende utilizzino la catena del valore di Porter prima di scegliere la strategia e il posizionamento per ogni prodotto. In pratica, però, non è sempre così.

UN MODELLO ADATTABILE

Nel definire questo concetto, Porter sottolinea l'urgenza di un approccio personalizzato. Egli consiglia alle aziende di scegliere innanzitutto tra una catena del valore corta o lunga, a seconda dell'importanza o meno di determinate attività. A volte è anche necessario riorganizzare la catena del valore per distinguersi dai concorrenti. Infine, Porter sottolinea che la chiave del vantaggio competitivo risiede sia nella riorganizzazione che nell'interconnessione delle varie attività. Infatti, se una delle attività procede in modo indipendente dalle altre, può verificarsi uno squilibrio tra le diverse componenti che genera nuovi costi.

 ## APPLICAZIONI PER I FORNITORI DI SERVIZI

Sebbene la terminologia utilizzata per presentare il concetto sia legata alla fabbricazione di prodotti ("stoccaggio", "produzione", "riparazione", ecc.), la catena del valore funziona altrettanto bene con le aziende che forniscono servizi.

LIMITAZIONI ED ESTENSIONI

LIMITI E CRITICHE

Sebbene il modello di Porter sia stato sviluppato negli anni '80, è tuttora attuale e fornisce gli strumenti necessari alle aziende che vogliono aumentare il valore aggiunto delle loro attività e ridurre i costi di produzione. Tuttavia, nonostante la sua innegabile efficacia, la catena del valore presenta alcuni limiti ed è sempre più soggetta a critiche.

In primo luogo, l'implementazione di questo metodo è relativamente lunga e complicata:

- la quantità di dati necessari per utilizzare la catena del valore è immensa e spesso difficile da ottenere;

- il margine di interpretazione è troppo ampio, il che può danneggiare l'analisi e distorcere il risultato finale;

- la mancanza di precisione potrebbe influenzare l'analisi.

In secondo luogo, il desiderio di mantenere un vantaggio competitivo in un mercato spinge le imprese ad adottare politiche di gestione dei costi, il che rappresenta di per sé uno dei principali limiti del modello. Se tutte le aziende utilizzassero questa strategia di gestione dei costi, i prezzi sarebbero sempre più bassi, ma le aziende non possono ridurre i costi all'infinito.

In terzo luogo, è difficile determinare il concetto di creazione di valore legato a questa catena, poiché il valore è percepito in modo diverso da economisti diversi:

- l'economia neoclassica (inizio del XIX secolo) si basa sull'utilità soggettiva o sul valore relativo legato allo scambio e al non scambio dei costi di produzione. In altre parole, il valore di un prodotto dipende dal valore di un altro prodotto nello stesso mercato;

  a ciò si oppone l'economia classica (tra il 1760 e il 1848, in Francia e in Inghilterra), che percepisce il valore come assoluto e determinato in base alle caratteristiche dell'oggetto.

Il modello di Porter sembra essere più vicino al pensiero neoclassico e si basa sull'interpretazione della volontà del cliente. Più in generale, i suoi critici lo accusano di una generale mancanza di chiarezza e precisione nelle sue definizioni e ritengono che la sua teoria manchi dei dati empirici che sarebbero necessari per giustificarla.

Le limitazioni e le critiche sopra descritte non costituiscono un elenco esaustivo e molti concordano sul fatto che le basi della catena sono state integrate dal lavoro di altri economisti meno famosi. Tuttavia, sebbene debba essere utilizzata con attenzione, la catena del valore rimane uno strumento fondamentale per la gestione aziendale.

MODELLI ED ESTENSIONI CORRELATE

Le cinque forze di Porter

Michael Porter ha sempre cercato di comprendere le problematiche legate alla concorrenza. Alcuni anni prima della pubblicazione della sua ricerca sulla catena del valore, si è reso conto che la struttura competitiva di un'azienda era troppo ristretta. Ha inoltre stabilito il modello delle "cinque forze di Porter", che può essere utilizzato per mantenere il vantaggio competitivo e garantire la redditività a lungo termine. Queste forze sono:

- **Concorrenza nel settore:** Le aziende dello stesso settore lottano per mantenere la propria posizione.

- **Potere contrattuale dei fornitori:** Più un fornitore è potente, più può imporre condizioni (prezzo, qualità, quantità). L'opposto è vero per i fornitori meno potenti.

- **Potere contrattuale dei client:** Essi impongono requisiti di prezzo, servizio e qualità, che a loro volta influenzano la redditività di un mercato.

- **Minaccia di nuovi operatori:** Ciò dipende da fattori quali le dimensioni del mercato (economia di scala), il desiderio di diversificazione delle attività, il costo d'ingresso, l'accesso alle materie prime e gli standard tecnici. I nuovi concorrenti sconvolgono inevitabilmente la gerarchia degli attori del mercato.

- **Minaccia di prodotti sostitutivi:** Rappresentano un'alternativa all'offerta del mercato e sono generalmente più convenienti

Ogni componente di questo modello è indirettamente influenzata dalle leggi e dai regolamenti stabiliti dalle autorità pubbliche.

APPLICAZIONE PRATICA

CONSIGLI E SUGGERIMENTI

A differenza della contabilità generale, la catena del valore non è giuridicamente vincolante, ma rimane uno strumento importante nella gestione aziendale. Sebbene siano possibili diversi approcci, è altamente consigliabile utilizzare il metodo tradizionale in sei fasi descritto di seguito.

Impostazione dell'analisi

La prima fase consiste nel determinare il campo da esaminare. Ciò richiede una buona comprensione del processo produttivo secondo la catena del valore e l'identificazione di tutte le connessioni tra le diverse attività. Il passo successivo consiste nel definire il punto di partenza (i fornitori di materie prime) e il punto di arrivo (lo stock di prodotti finiti o il cliente) dei processi complessivi dell'azienda.

Mappatura dell'attuale catena del valore

Si tratta di tracciare la catena del valore rappresentativa dell'azienda dalla A alla Z, ricordando di includere tutte le diverse fasi. In genere, queste fasi sono illustrate da quadrati, le scorte sono rappresentate da triangoli e i trasferimenti sono indicati attraverso frecce.

Questa catena del valore semplificata può rappresentare la centrale d'acquisto (1), che invia le merci in magazzino per l'acquisto (2). La merce viene poi inviata all'officina (3), dove viene sottoposta al controllo qualità (4), prima di entrare a far parte dello stock di prodotti finiti (5). Una volta ordinati, i prodotti passano all'area di distribuzione (6).

Raccolta di dati autentici

Questa fase mira a raccogliere informazioni rilevanti su tutte le attività e le connessioni, ma anche a verificarne l'autenticità. I dati da raccogliere variano da un'azienda all'altra a seconda della sua struttura e del suo settore. Ad esempio, un'azienda di servizi non si preoccupa dei processi produttivi, a differenza di un'azienda industriale. Le industrie devono conoscere la durata del ciclo di un'attività, il numero di lavoratori necessari per ogni fase, la distanza e il tempo di trasferimento tra ogni passaggio, il costo delle attività, l'efficienza dei macchinari utilizzati, la rotazione delle scorte, il valore degli asset, il rapporto tra prodotti difettosi, ecc.

Invio del diagramma e dei dati

È quindi utile discutere la catena del valore pianificata con le persone interessate. Ad esempio, si dovrebbe chiedere ai lavoratori la loro opinione sul diagramma di produzione. Infatti, i membri del team possono avere una visione diversa del processo dell'azienda e consultarli può far si che si correggano eventuali aspetti che sono stati male interpretati. In questa fase si consiglia di aggiungere al diagramma la durata dell'esecuzione e la durata della valutazione. La prima stima il tempo necessario per completare il processo, mentre la seconda misura il tempo di incorporazione del valore. Il confronto tra questi due dati può aiutare a identificare le aree di miglioramento.

Ristrutturazione della catena del valore

Il quinto passo consiste nell'esaminare l'elenco di domande stabilito nel 1999 da Mike Rother e John Shook. Rispondere a queste domande permette all'azienda di rivedere ed eventualmente riprogettare la catena del valore. Gli otto temi affrontati da questi due economisti sono volti a promuovere il vantaggio competitivo e lo scopo di questa fase è essenzialmente quello di modificare o eliminare le attività che creano poco o addirittura nessun valore. Quanto più il periodo di esecuzione è vicino a quello di sviluppo, tanto più l'azienda è riuscita a ridurre i trasferimenti inutili. Una volta stabilito l'optimum (o l'equilibrio), è il momento di rappresentare l'azienda attraverso una catena del valore ristrutturata.

Le otto domande di Mike Rother e John Shook sono:

- Qual è la durata della catena del valore?

- La produzione è conservata in un magazzino o viene inviata direttamente al reparto spedizioni?

- In quali parti della catena del valore è possibile utilizzare la lavorazione a flusso continuo?

- Dove è necessario utilizzare il sistema pull del supermercato?

- In quale singolo punto della catena di produzione (il "processo pacemaker") programmerete la produzione?

- Come perfezionereste la produzione?

- Come programmare il processo di pacemaker?

- Quali miglioramenti di processo saranno necessari?

SPINGERE E TIRARE

I flussi push e pull sono i flussi di beni, merci o altri componenti che derivano dalle previsioni. I flussi pull sono guidati dalle previsioni, mentre i flussi push sono generati dagli ordini dei clienti.

Una volta che si è ottenuta una risposta a queste domande, è importante:

- quantificare il vantaggio competitivo sulla base di una catena del valore concorrenziale sul mercato;

- incorporare i diversi assets dell'azienda;

- valutare le attività che creano valore;

- considerare che il vantaggio competitivo non deriva solo dalla performance di ciascuna attività, ma anche dalle connessioni tra di esse.

Pianificazione delle azioni di miglioramento

Una volta determinate le attività che possono essere migliorate, l'azienda deve trovare i mezzi necessari per incrementare le proprie prestazioni. Si consiglia di basarsi sul diagramma ridisegnato e di elencare tutti i compiti delle nove attività (primarie e di supporto). Dai fornitori alle prime modifiche, l'azienda dovrà reimpostare l'analisi di follow-up in ogni fase dal punto di partenza. Infatti, un'attività riprogettata può avere un impatto sulle altre a causa delle connessioni tra di esse, e queste modifiche possono avere un impatto sulla catena del valore dell'azienda.

Il successo di questo ciclo di analisi, in cui il punto di partenza è sempre lo stesso, si basa su quattro regole:

- il processo è continuo e rispetta il ciclo produttivo;

- la catena consente un controllo della produzione semplice ed efficiente;

- l'azienda beneficia di miglioramenti nella gestione delle spese e degli ordini;

- la velocità di esecuzione aumenta, mentre il volume delle scorte immagazzinate si riduce.

Consigli

La catena del valore di Porter è uno strumento comune nel campo del management, ma un uso scorretto può ridurne l'efficacia. Gli errori più comuni sono:

- imprecisione nell'identificare l'ambito della catena del valore:

- sviluppare una catena del valore a partire da un diagramma che distorce le relazioni tra le attività;

- dimenticare una fase della catena del valore. È quindi altamente consigliabile tracciare fisicamente il percorso del prodotto all'interno dell'azienda, dalle scorte di materie prime alla spedizione del prodotto finito, per garantire che ogni fase sia pienamente inclusa nell'analisi.

CASO DI STUDIO – AZIENDA INDUSTRIALE

Contesto

Sebbene il modello di Porter non sia limitato alle aziende industriali, abbiamo scelto di utilizzare l'esempio di un'azienda siderurgica che coinvolge una lunga catena del valore. Questa azienda siderurgica ha lottato duramente per diventare leader del mercato mondiale. Oltre a fusioni e altre acquisizioni, la sua capacità di adattamento l'ha resa leader nel suo settore. L'azienda ha utilizzato vari metodi per perfezionare la gestione aziendale, tra cui la catena del valore.

La sua attività principale è l'assemblaggio di varie macchine e strumenti in grado di incidere filettature sottili su tubi d'acciaio che, una volta assemblati insieme, consentono ai clienti di estrarre gas o petrolio.

L'azienda acquista le materie prime (acciaio e ghisa) e i pezzi in outsourcing da vari fornitori. Gli acquisti vengono stoccati prima di essere reindirizzati al centro di smistamento, dove devono superare un test di conformità. Una volta verificati, vengono stoccati in uno spazio chiamato "stock aziendale". I pezzi vengono poi inviati all'officina. Per questa azienda, la gestione delle scorte è un compito complicato, poiché solo l'80% dei pezzi è identico da una macchina all'altra. I clienti hanno i loro tubi e i dispositivi devono essere in grado di adattarsi ad essi. La fabbricazione del prodotto è un processo molto complesso e richiede dai quattro ai sei mesi. Una volta completate, le macchine vengono immagazzinate prima di essere sottoposte a una serie di test per garantirne il corretto funzionamento. Vengono poi imballate per ridurre al minimo i danni e trasportate alla destinazione finale. Inoltre, l'azienda si occupa anche della riparazione di apparecchiature mal calibrate, difettose o obsolete.

Questo processo produttivo, sviluppato più di 25 anni fa, viene utilizzato ancora oggi, anche se sono state apportate alcune modifiche. L'azienda ha riorganizzato la propria struttura per migliorare i risultati, nonostante la complessità e i costi elevati. È stata una decisione necessaria per mantenere la propria posizione di leader mondiale del settore.

Riorganizzazione della catena del valore all'interno dell'azienda

Per effettuare una revisione completa della propria organizzazione, l'azienda si è avvalsa di un team esterno di esperti di gestione qualificati:

- insieme ai dirigenti, hanno iniziato a tracciare le attività da analizzare e a selezionare un punto di partenza (il ricevimento delle materie prime) e un punto di arrivo (la consegna ai clienti). Tuttavia, è stato necessario collegare la quinta attività di core business con la terza, poiché dopo la riparazione delle macchine nella quinta attività, queste vengono reindirizzate al cliente;

- hanno poi disegnato la catena del valore, avendo cura di indicare le fasi (quadrati), le scorte (triangoli) e il trasporto (frecce);

- il team esterno ha quindi preparato un questionario di 20 pagine per raccogliere dati precisi in base alle aree di attività dell'azienda. I dirigenti e i loro ingegneri hanno risposto prima alle domande specifiche della loro area. Poi, per controllare e correggere i dati, gli esperti hanno messo queste informazioni a disposizione di tutti i lavoratori. I loro commenti hanno chiarito le risposte fornite in precedenza, il team esterno ha anche stimato i tempi di esecuzione e di recupero per identificare le potenziali cause di ritardo: dopo il confronto, i risultati hanno suggerito che i tempi di esecuzione erano troppo lunghi.

Le risposte alle domande di Rother e Shook hanno permesso agli esperti di identificare le varie carenze della catena del valore dell'azienda. L'azienda ha scoperto che:

- il suo vantaggio competitivo nella catena del valore deriva dalla gestione efficiente delle scorte di materie prime;

- le sue attività si basavano essenzialmente sui costi di produzione legati all'eccellente forza lavoro e alla produttività delle macchine;

- sono emersi due punti di potenziale miglioramento, uno a livello produttivo e l'altro a livello organizzativo. Il primo ha rivelato che un gran numero di macchine non era adatto alle richieste dei clienti, mentre il secondo ha evidenziato che i tempi tra le fasi e le aree di magazzino erano troppo lunghi;

- molti pezzi si sono rotti durante il processo di produzione. Ciò non è dovuto a errori di produzione, ma agli acquisti effettuati più avanti nella catena e, più precisamente, agli articoli esternalizzati.

Dopo il miglioramento della catena del valore fornito dagli esperti, l'azienda ha notato tre cambiamenti principali:

- riduzione dei tempi di produzione delle macchine;

- riduzione dei costi di produzione;

- miglioramento della fornitura di prodotti finiti, più coerenti con le aspettative dei clienti.

Analizzando i diversi percorsi produttivi, l'azienda ha potuto migliorare alcune attività per ottimizzare i risultati e mantenere la sua posizione di leader di mercato.

Motivi della leadership globale

- **Coordinamento con i clienti.** Un problema importante riscontrato dall'azienda era la mancanza di precisione nell'esecuzione degli ordini dei clienti. Le macchine dovevano eseguire filettature sui tubi disponibili in officina, anche se il diametro del tubo non sempre corrispondeva alle richieste del cliente. Poi dovevano tornare in azienda per le regolazioni. Questo evidente problema organizzativo è stato risolto costruendo un magazzino riservato ai tubi dei clienti. Ora le macchine possono funzionare con precisione e l'azienda non è più preoccupata per i reclami.

- **L'organizzazione aziendale.** All'inizio l'azienda era solo una piccola impresa con pochi dipendenti. Nel corso degli anni ha visto aumentare in modo esponenziale il numero di ordini. L'azienda è cresciuta gradualmente aumentando le superfici di magazzino e il numero di spazi dedicati alle officine e agli uffici. Quando la prima filiale locale è diventata troppo piccola per svolgere le operazioni, l'azienda ne ha costruita una seconda, poi una terza, dove le materie prime e i prodotti finiti sono stati accuratamente stoccati. Gli esperti hanno notato che il trasporto di scorte pesanti tra la prima sede (utilizzata per la produzione) e la terza richiedeva troppo tempo e che le scorte dovevano attraversare l'intera officina per raggiungere la linea di assemblaggio. L'azienda ha quindi deciso di invertire le funzioni dei primi due magazzini. Organizzandoli secondo il flusso di lavoro, si sono ridotte le distanze tra l'officina, le aree di inventario e i centri di smistamento e controllo.

- **Miglioramento della qualità dei pezzi esternalizzati**. I dati indicavano che c'era un numero eccessivo di pezzi rotti e le analisi hanno mostrato che questi provenivano principalmente da subappaltatori dell'Europa orientale. Il problema era la qualità delle loro materie prime. Per rimanere competitiva, l'azienda non poteva produrre direttamente queste parti meccaniche o cambiare i fornitori, poiché tutti erano relativamente più costosi. Per garantire la qualità, l'azienda acquista ora le materie prime da fornitori in Francia e le invia nella Repubblica Ceca e in Polonia per la produzione dei pezzi. Sebbene il prezzo di costo sia aumentato, l'azienda beneficia ora di una riduzione del numero di ordini.

Senza questi cambiamenti significativi, l'azienda non avrebbe potuto rimanere leader del mercato mondiale. La riprogettazione della catena del valore ha comportato decisioni complesse che, sebbene costose, si sono rivelate vantaggiose per l'intera azienda.

SINTESI

- Il concetto di catena del valore sviluppato da Michael Porter è apparso per la prima volta nel suo libro del 1985 *Competitive Advantage: Creating and Sustaining Superior Performance*.

- La catena del valore è un modello di gestione aziendale che traccia la creazione di valore all'interno di un'azienda.

- Questo strumento analitico consente alle aziende di analizzare tutte le loro attività per identificare e migliorare le aree meno efficienti al fine di massimizzare il loro vantaggio competitivo.

- La catena del valore comprende nove attività, che possono essere suddivise in due categorie: cinque attività primarie e quattro attività di supporto.

- L'analisi della catena del valore comprende sei fasi: identificazione dell'area da esaminare, stesura della catena del valore, raccolta e verifica dei dati, presentazione dei dati ai membri del team per il loro feedback, riorganizzazione della catena e pianificazione dell'azione.

- Questo strumento presenta molti vantaggi: può essere adattato a tutti i tipi di aziende; migliora la competitività; fornisce passaggi chiari e ben definiti per realizzare efficacemente l'analisi della catena del valore, ecc.

- Tuttavia, la valutazione è un processo lungo che richiede una grande quantità di dati. Inoltre, l'interpretazione personale gioca un ruolo importante e può rendere il modello meno accurato.

- La catena del valore può essere utilizzata insieme ad altri modelli altrettanto importanti nella gestione aziendale, tra cui le famose "cinque forze di Porter".

- La catena del valore è uno strumento potente, ma va usato con cautela. Perché sia efficace, è importante capire che ogni analisi varia da un'azienda all'altra.

- Il miglioramento della catena del valore comporta decisioni complesse che, se attuate con successo, consentono alle aziende di raggiungere i propri obiettivi.

ULTERIORI LETTURE

BIBLIOGRAFIA

Hartwich, F., Devlin, J. e Kormawa, P. (2011) Diagnostica della catena del valore industriale: Uno strumento integrato. *Organizzazione delle Nazioni Unite per lo Sviluppo Industriale.* [Online]. [Consultato il 10 aprile 2018]. Disponibile da: < https://www.unido.org/sites/default/files/2011-07/IVC_Diagnostic_Tool_0.pdf>

Lachat, D. (2007) Chaînes de valeur, modèles entrepreneuriaux et étalonnage. *Archivio aperto in Scienze dell'uomo e della società.* [Online]. [Accessed 10 April 2018]. Disponibile da: < https://halshs.archives-ouvertes.fr/halshs-00124439/>

Magretta, J. (2012) *La Méthode Michael Porter.* Montreal: Éditions Transcontinental.

Porter, M. E. (1998) *Vantaggio competitivo: Creare e sostenere prestazioni superiori.* New York: Simon & Schuster.

Porter, M. E. (2008) Le cinque forze competitive che modellano la strategia. *Harvard Business Review.* [Online]. [Accessed 10 April 2018]. Disponibile da: < https://hbr.org/2008/01/the-five-competitive-forces-that-shape-strategy>

Rother, M. e Shook, J. (1999) *Imparare a vedere: Value Stream Mapping to Add Value and Eliminate MUDA.* Cambridge: The Lean Enterprise Institute of Brookline Massachusetts.

Zeroual, T. , Blanquart, C. e Carbone, V. (2011) Supply Chain Management : portée et limites. L'Apport des théories des réseaux. *Riviste di ricerca dell'ESCE.* [Online]. [Accessed 10 April 2018]. Disponibile da: < https://hal.archives-ouvertes.fr/hal-00595752>

FONTI AGGIUNTIVE

Harvard Business Review. (2011) *HBR's 10 Must Reads on Strategy.* Boston: Harvard Business School Publishing.

Magretta, J. (2012) *Understanding Michael Porter: The Essential Guide to Competition and Strategy.* Boston: Harvard Business School Publishing.

Vogliamo sapere da voi!
Lasciate un commento sulla vostra biblioteca online
e condividete i vostri libri preferiti sui social media!

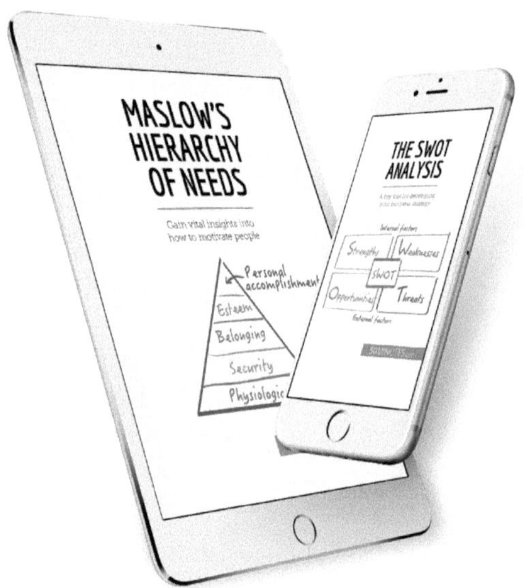

MASLOW'S HIERARCHY OF NEEDS
Gain vital insights into how to motivate people
Personal accomplishment
Esteem
Belonging
Security
Physiologic
THE SWOT ANALYSIS
Internal factors
Strengths
Weaknesses
SWOT
Opportunities
Threats
External factors
50MINUTES.com

Master ISBN: 9782808064651
ISBN cartaceo: 9782808064941
Deposito legale: D/2022/12603/81

Design digitale: Primento,
il partner digitale degli editori.